JN106375

女子の不動産トリセツ

私も、失敗しないので

サラリーマン大家-X

誠文堂新光社

CONTENTS

はじめに

　樹木希林さんは、20代のころから不動産を買いたして、賃貸業をしてきたそうです。女優という職業柄、収入が不安定なことに対する準備を、若いころからされていたのです。

　私はサラリーマンのかたわら、20年近く不動産を扱ってきました。本書では、そこで得たノウハウを、わかりやすく解説します。なぜ「女子向け」なのかというと、女性のほうが真面目に根気よく実践して成果につなげやすい、と確信しているからです。私のお薦めする不動産の購入方法は、毎日5分、不動産サイトにアクセスしてチェックするというもので、場合によっては何年も続けることもあり、こういう作業が得意な方は、男性よりも女性に多いと考えます。また、男女格差を実感している方を応援したい気持ちからでもあります。本当です。

　不動産というと「難しい」「リスクが大きい」という印象がありますが、私がご紹介するノウハウをもってすれば大丈夫です。

　まず、あなたがどういう不動産を扱って、どのように活用していくのかを、大雑把にイメージしてみましょう。

首都圏に住んでいるとすると、あなたは、都心の会社までドアツードアで1時間以内の街に暮らしています。あなたが使っている駅から徒歩7分以内の、60平方メートルほどの2LDKか3LDKの中古マンションを、例えば2,400万円で購入します。現金は900万円くらい用意します。残りはローンで借りて、15年で完済します。その部屋を14万円くらいで貸し出します。

　ローンと管理費・修繕費・不動産管理手数料は、家賃でまかなうようにしますので、頭金と初期費用以外は店子（借主）さんに払ってもらいます。貸し出しによる毎月の利益（手取り）は10万円くらいになります。15年間はローンの返済に回りますが、それ以降は、毎月年金のように未来永劫、不動産収入が入ってきます。

　あなたが700万円の頭金と200万円の初期費用で年間120万円の利益を得れば、年利は13％になります。目標は2件保有することですが、最初は1件でも十分でしょう。自分年金として毎月20万円くらい入ってくることを目標としましょう。

　都会の一軒家に住んでいるおばあさんには、こうやって暮らしている人がたくさんいます。不動産の知識がなくても大丈夫。あなたの仕事は基本的に毎月の振込を確認することと、年1回の確定申告だけです。

あなたには二つの武器があります。

　一つは、あなたがあなたの住んでいる街のようすをよく知っていること。

　もう一つは、時間があることです。

　あなたは投資家ではないので、デイトレーダーのようにパソコンにはりついている必要はなく、何億も儲けようとする欲望もなく、またプロの不動産屋さんのようにノルマや納期の縛りもありません。ゆっくりコツコツ進めればいいのです。

　株や投資信託、FXも投資としては悪くありませんが、いかんせん不動産のほうは利回りが倍以上良く（具体的にはケースバイケースなので数字は書きませんが、私の経験でイメージする差はこんなものです）、何よりもこれらを本気でやるとなると、先ほどのデイトレーダーのようにパソコンを何台も毎日眺める生活になるのでお薦めしません。

　詳しくは後からゆっくり説明するので、ここはまずそんなものだとイメージしてください。

　最後に、私の考える不動産は、投資ではありません。事業です。あなたが社長で、いろいろな人たちを使って、利益を上げるのです。次の第1章では、不動産事業を会社の部門に見立てて、解説していきます。

第1章

おおまかな流れを
つかもう

マーケティング

あなたの住んでいる「街の力」を分析します。ポイントは、あなたの街に店子需要があって、今後も街として元気があるか、を判断することです。

■ 必要条件（絶対必要です）

> ＊通勤はドアツードアで1時間以内、大雑把に駅まで徒歩7分（560m）以内、駅内待ち時間・移動時間10分、駅から会社まで徒歩10分として、乗車時間最大値30分です。これは首都圏の場合で、地方の場合はこの7掛けくらいでしょうか。
>
> ＊駅ビルあるいは駅前にスーパーがある。あるいは、きれいでさびれていない商店街がある。店子さんは、会社の帰りに買い物をするので重要です。

■ 十分条件 (あてはまるものが多いほどよい)

＊駅前/駅ビルに都市銀行か地方銀行の支店がある。
　＝商業・工業などの産業がある。

＊駅前/駅ビルに大手チェーンの書店がある。
　＝老若男女が住んでいる。

＊有名大学や高校があり、通学者を結構見かける。
　＝街が歳をとらない。

＊由緒ある寺社仏閣がある。
　＝街が廃れない。

必要条件にあてはまりましたか？

十分条件にいくつあてはまりましたか？

　十分条件に一つでもあてはまらないと厳しいですね。街の力が弱いので、引っ越しましょう。冗談ではありません。これは事業です。確実に勝つには街の力がすべてなのです。あなたの二つ目の武器、「時間があること」を存分に活かして、ゆっくり引っ越しを検討してください。

商品企画 ❶

　どういう間取りのマンションがいいのかを考え
ましょう。ワンルームやシェアハウスは除外しま
す。不動産投資というと、ワンルームから始める
方が多いようですが、ワンルームには以下のリス
クがあります。

＊借りる方に若い人や学生が多く、長く借りてく
れないので空室リスクが高くなり、入れ替えのた
びにリフォーム代もかかる。

＊50年後の姿がまったく読めない。スラム化す
る可能性もある。

　また、シェアハウスは、会社を辞めて自分で経
営するか、管理会社に委託することになります。
しかし、経営にはノウハウが必要でリスクもあり、
管理会社も最近は信用できません。なにより、管
理会社には利益を持っていかれます。

　私が強く薦めるのは、「あなたが今、そして将
来住んでもいいと思うような間取り」のマンショ
ンです。カップルと子ども1〜2人くらいまで同
居可能な、小さめの2LDKまたは3LDKです。予
算と収益の関係から、広さは60平方メートルく

らい。家賃は首都圏の場合、12〜15万円くらいでしょう。

中古物件はリフォーム済みが多いでしょうが、そうでなければ、数十万円かけて自分でリフォームすることが必要になります。築年は気にしなくていいです。程度にもよりますが、同じような条件なら、古いほど物件は安いのです。築年で家賃はそんなに大きく変わらないので、多分古いほうがおトクです。1970年代のものでも、リフォームすれば問題ありません。ただし、きちんと大規模修繕をしていて、外観や共用部分がきれいである必要があります。

古いマンションは火災や地震に弱いと言われますが、そんなことはありません。昔のマンションは、都会暮らしのお金持ち用に作られたものなので、今よりもコンクリートが厚く、鉄骨もしっかりしています。1980年代に安めのマンションが林立して普通のサラリーマンが住むようになったので、法律で耐震基準が作られたのです。

ペット不可でも店子は必ず付きますが、「ペット可」にすると早く付きやすくなります。1980年代のマンションは、ペット不可が多いです。
　１階はセキュリティの点で敬遠する方がいるので、やめたほうがいいです。

<u>ここでシミュレーションをしましょう。</u>

　相場が2,800～3,000万円の物件を、2,400万円で購入できたとします。方法は後から説明します。家賃相場は14万円です。あくまでイメージなので、詳細は個々に計算してください。

　ローンは「15年元利均等・固定金利2.5%」。住宅ローンシミュレーションのサイトで入力すると1,700万円借りて、月々の返済は113,354円となりました。

　マンションの管理・修繕費（2～3万円）や不動産屋さんの管理手数料（家賃の5%くらい）を考慮すると、このくらいが最大になるので、自己資金は頭金2,400－1,700＝700万円。さらに初期費用（不動産屋さんの仲介手数料、登記料、不動産取得税、リフォーム代など）として約200万円。つまり900万円くらいが必要になります。

　都心からの距離や地域によって違うので一概には言えませんが、自分の街の物件の値段を調べて、いくら頭金が必要になるのか計算してください。自分の街が割安か割高かによって、頭金・初期費用が少なめですむか、多めに必要か変わってきます。頭金がない方は、まず何年もかけて貯めてください。時間はいくらでもあります。

シミュレーション

購入する不動産の相場	2,800〜3,000万円
購入額	2,400万円
家賃相場	14万円
ローン	15年元利均等・固定金利2.5% 借入額　1,700万円
月々の返済額	113,354円
初期費用	155万円

頭金と初期費用の合計

購入額2,400万円−借入額1,700万円＝700万円
700万円＋初期費用155万円＝855万円

　一般的な不動産投資はキャッシュフローを良くする、つまり毎月の家賃収入からローン返済と経費を引いて、手元に現金が残るような借り方をします。そして、残った現金を生活費や遊興費にあてたり、再投資にあてたりします。

　実は、このサイクルでは、不動産を売り切ってからでないと、通算で利益が出ているのかどうか判断できません。これでは利益が出るか不確実ですし、そのやり方を難しいと感じる人もいるでしょう。この本で目的とするものとは合致しません。

　あなたがすでに経済的に自立していて、身の丈に合わない贅沢をしていないのであれば、急いで毎月の現金を得る必要がありません。したがって、

15年間手元に現金が残らない方法をとりましょう。なぜかというと、一言で言えばそのほうが確実でおトクだからです。

　ではここで、前述の物件（12〜13ページ）で手元に現金が残るシミュレーションをしてみましょう。
　管理費、修繕費、不動産管理手数料は、合わせて月額27,000円としましょう。

　まずローンが15年の場合を見てみると、家賃140,000円−月々の返済額113,354円−管理費など27,000円=▲354円。毎月354円の赤字ですが、端数なので無視します。15年間、あなたの手元に現金は残りません。

　金利は同じ条件で、返済期間を倍の30年にしてみましょう。住宅ローンシミュレーションのサイトで計算すると、毎月の返済額は67,170円となります。ローン15年の毎月の返済額113,354円の半額である56,677円にはなりません。これは、プラス15年分の金利が加算されるからです。

　確かに、返済期間を30年とすることで、毎月113,354円−67,170円=46,184円の現金が手元に残りますが、そのために67,170円−56,677円=10,493円の余計な金利を30年間払い続けるこ

とになります。30年合計で3,777,480円です。
毎月46,184円の現金を得るために、毎月10,493
円の金利を払うということは、金利が21.7%にな
ります。高いですね。

それにローン15年なら、16年後から返済がな
くなり、毎月140,000−27,000=113,000円 が
入ります。それに比べ、ローン30年の場合、同
額を得るには31年後まで待たねばなりません。
ここはアリとキリギリスの、アリで行きましょう。

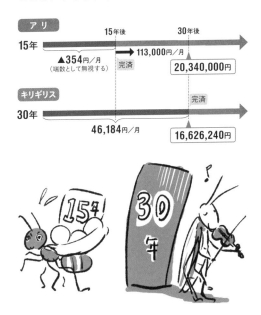

アリ

15年

15年後　　　　　　30年後

▲354円／月
（端数として無視する）　完済　→113,000円／月

20,340,000円

キリギリス

30年

46,184円／月　　　完済

16,626,240円

　マンションは不動産屋さんに紹介してもらうも
のではありません。SUUMOやat homeなどの不
動産検索サイトを使って、あなたが自分で探すの
です。あなたの使っている駅、中古マンション、
3LDK/2LDK、駅から徒歩7分以内を検索条件に
登録、価格の安い順に表示してください。これを
毎日5分ほど見るのが、あなたの仕事になります。

　何カ月か見ていると、相場感が身についてくる
でしょう。そして、格安だと思う物件が出たら、
ここからが勝負です。物件情報を出している不動
産屋さんに電話して、即内見を依頼します。でき
るだけネットに出た当日か翌日に内見しましょ
う。管理組合・管理会社が管理しているかどうか
も、チェックしておきましょう。

　いい物件だった場合、手付金として現金数万円
が必要になります。格安物件はあっという間に売
れますが、あなたは社長ですから、1人ですべて
決断できるので、申し込みは1番になることが可
能です。本当にスピードが命ですから、あらゆる
予定をキャンセルして最優先してください。

　どのくらいが掘り出し物か？　周囲の同じよう
な物件よりも2～3割安いのが目標です。1割で

もいいのですが、格安になるほどローン返済が少なくて済み、金利の支払いも少なくなり利益も上がります。なぜ格安物件が出るのかというと、すぐに換金したい事情が売り手側にあるからです。私の住んでいる街の場合、年に1件くらい、格安物件が出ていました。毎年買うわけではないので、これで充分です。

　ところで、不動産は価格交渉が可能です。今すぐ申込書にサインするので、50万円負けてほしいというような交渉ができるのです。これは、不動産屋さんが、売主との間に入っての交渉になります。

　申込書にサインしたら、その後1〜数週間後に購入の本契約になります。そのときに支払いが発生するので、頭金と不動産仲介手数料を合わせた金額が貯まっていることが必要になります。残りは融資を受けなければなりません。急に銀行に行っても貸してくれないかもしれないので、普段からマイバンクを持ちましょう。

　ちなみに契約時に実際に支払うのは頭金の一部（1〜数百万円、交渉可能）と不動産仲介手数料の半額で、残りは融資がおりてから引き渡しの日に支払います。

　あなたが自宅を買うのであれば、銀行はあなたの収入を見て割とたくさん貸してくれます。なぜならば、そのマンションはあなたが居住するところであり、35年かけてローンを返済することが担保されているからです。

　賃貸用のマンションでは、銀行にとっての担保は抵当権しかありません。あなたがしっかりと賃貸経営ができて、きちんとローンを返済できるかを見極めた上で、あなたを信用してお金を貸してくれるのです。よって自宅のローンよりハードルが高くなります。

■マイバンク

あなたの家から一番近い信用金庫の支店をマイバンクにしましょう。都銀や地銀ではありません。これは今すぐにでも実行できます。あなたの持っている金融資産を全部、この支店に移しましょう。給与振り込み口座も可能なら移しましょう。担当者と名刺交換をして、将来不動産購入資金の融資を受けたいと伝えましょう。あなたの顔を覚えてもらえる街の銀行です。

ハードルが高そうに思えますが、誰でもできます。下記の順番で進めてください。

Step 1 近くの信金を訪れて口座を開設する。

Step 2 現在お持ちの預金、金融商品、株などを解約して、信金の口座に送金する。

Step 3 給与振り込み口座が自由に指定できるのであれば、信金の口座に変更する。

Step 4 公共料金やカードなどの引き落とし口座を信金に変更する。
→急がなくても大丈夫です。

Step 5 ②が完了したら、再度信金を訪れて、生活費と緊急用のお金（給与の5カ月分と言われている）を残して、あとはいつでも解約できる定期預金にする。▶

▶金融商品や外貨は急に頭金が必要になったときに元本割れする怖れがあるので、お薦めしません。

→このときに、「将来マンションの賃貸経営を考えているので、そのときはぜひ相談にのってください」と伝える。

さて、いよいよマンション購入の申し込みをしたら、本契約の前でいいので、支店の担当者に内容を伝えてください。彼・彼女は準備を始めます。いくつか質問もしてくるでしょう。金利は15年固定です。2.5%（可能なら2%）を目標にしてください。彼らは、頭金が2～3割出せるかを確認します。

不動産購入の本契約後、正式に融資依頼をします。彼らは不動産の価値を評価して、あなたが希望する額の融資が可能かを、本部や上司とやり取りして検討します。支店としてはたくさんお金を借りて欲しいので、彼らはあなたの味方です。

融資の審査が通ったら、支払いと登記変更を行い、カギを受け取ったら、ついにその物件はあなたのものになります。

万が一融資の審査に通らなかった場合は、契約自体が無効となり、手付金や手数料は返金されるので、リスクはありません。

商品企画❷

　後述する賃貸の不動産屋さんとその知り合いの
リフォーム屋さんと一緒に物件を見に行って、必
要なリフォームを行います（リフォーム済物件で
ない場合）。また、必要なら居間のエアコン・部
屋の照明を揃えます（詳しくは後述します）。

商品企画❸

　物件の賃貸料を決めます。普段から不動産検索
サイトに賃貸物件の検索条件も登録しておいて、
時々見てください。賃貸料を決めるポイントは、
近所にある同じような物件で、一番安い家賃に合
わせることです。
　同じ価格の物件と比較して勝ち目があるか、よ
く検討してください。もうけることが目的ではな
いので、少し相場の下をくぐって、早く借り手を
付けることも必要かもしれません。

営業・広告

　あなたの代わりに営業をしてくれるのは、街の
不動産屋さんです。あなたの家の近所で、地元の

不動産屋さんを探してください。2〜3カ所回って、担当者の感じがいいところにしましょう。担当者とは、この先ずーっと付き合うことになるので、人柄はすごく重要です。あなたがこの人がいいと決めたら、その方と一緒にマンションを見に行きます。

敷金・権利金の設定も相談してください。希望家賃を伝え、カギを渡します。彼らはネット掲出用の画面を作成して募集をかけます。内見はすべて不動産屋さんが対応します。あせらずに連絡を待ちましょう。

財　務

店子さんが決まったら賃貸契約書にサインします。不動産屋さんが間に入ってくれるので、あなたは店子さんに会う必要がありません。敷金・権利金・最初の月の家賃が入金されたら、不動産屋さんがカギを店子さんに渡します。

家賃保証会社と契約するのを条件とする（不動産屋さんが提案してこなければ、必ず条件として提案してください）ので、店子さんが滞納した場合にお金が入ってこないという心配がありません。

第2章

頭金を
貯めよう

プチブルジョワジーになる

あなたが大家になることが、いかにあなたの人生をおトクにするのか、そのためにあなたが真剣に頭金を貯めることが、いかにあなたの人生を潤すかについて、考えてみましょう。

いきなりですが、マルクスは『資本論』で人間を、ブルジョアジー（地主、資本家、経営者）とプロレタリアート（労働者）に分けました。ブルジョアジーはプロレタリアートから搾取します。これは今も同じです。共産革命でプロレタリアートはブルジョアジーを排除したのですが、結局プロレタリアートのなかに階級があらわれ、その階級間での搾取が資本主義の搾取以上にひどかったので崩壊しました。搾取という言葉は刺激的ですが、大家になればあなたも、店子さんから搾取することになります。

私が搾取という言葉を用いたのは、別に共産主義の説明をしたかったからではなく、大家がボロもうけだからです。いったん店子さんが入れば、あなたは何もすることがありません。毎月不動産屋さんの報告書を読むことと、不動産屋さんに手数料を振り込むことと、経費の伝票（例えばプロバイダ料など）を保管するくらいです。あとは確定申告書の作成と提出と納税ですが、それらは数

時間の作業で終わります。

　それで年間の利益が120万円ならば、時給換算で数十万円です。ボロもうけでしょう？　確かに最初の15年は自分の手元にお金が残りませんが、他人にローンや経費を払わせるアコギな商売なのです。世界には仕事をしないで、年中悠々自適で世界中を旅している人がいっぱいいます。

　さて余談ですが、あなたを含めほとんどの読者が、必ず搾取されているものは何でしょう？
　考えてみてください。

　それは、携帯電話代です。携帯電話会社は多額の初期投資がかかりますが、投資が済めば電波代なんてタダみたいなものですから、毎月の代金はほとんど利益になります。もう一つのボロもうけは、高金利のカードローンです。銀行は本業である企業を対象とした投資が苦しいので、個人向けカードローンに力を入れていますが、よい子の皆さんは、コマーシャルなどで俳優さんに微笑まれても、絶対に利用してはいけません。

　話がそれてしまいましたが、皆さんにはぜひ、プチブルジョアジーの仲間入りをしていただきたいと思います。おそらく大家は、普通のサラリーマンが誰でもブルジョアジーの仲間に入れる唯一の方法でしょう。

ゴールは2件、16年後から毎月手取りで20万円が入ってきます。人生100年時代の50年で、年間240万×50＝1億2,000万円の利益になります。

　あなたが使ったのは初期投資と消耗品やリフォーム代ですが、収入に比べれば微々たるものです。中古マンションの建て替えのリスクはありません。社会で問題となっているのは、エレベーターがない団地のような物件ですから、本当はマンションと呼べないですよね。

出世して頭金を貯める

　物件を買うには頭金を貯めなければなりません。複数の物件を所有するには、たくさんお金が必要です。一方、自宅の住宅費や子どもの教育費の支出は、これから増えていくので、収入を増やしていく必要があります。

　汗水たらして働くのもいいのですが、手っ取り早いのは、出世して給料を上げていくことです。最近の若い人、特に女性は出世を望まないというデータが出ているそうです。その理由には、誤解がいっぱいあるようなので、その誤解を解いていきたいと思います。

その① 出世すると忙しくなる、
自分の時間が持てない

　ウソです。出世すればするほど、時間を好きに
使えます。無駄と思われる業務や会議を、どんど
ん廃止できます。忙しく見えるのは、忙しいのが
好きな人だからです。あるいは忙しさを、そのま
た上司にアピールしているのです。

　私は忙しいのが嫌いなので、ビジネスのスキー
ムができたら、あとはなるべく部下にまかせて早
く帰りました。もちろん「今晩中にまとめなさい」
などとは言いません。偉くなると自分でスケ
ジュール管理ができるので、中抜けの自由時間を
作って、不動産の内見もできます。毎日保育所に
子どもを迎えに行くことも可能です。
　要するに、やることをきちんとやっていれば、
時間はかなり自由だということです。上司が早く
帰ると部下も早く帰りやすくなるので、職場では
普通問題はありませんが、「部長・課長はズルい」
などと思う人が出てきます。思うだけなら思わせ
ておきましょう。人がどう思うかは本人の自由意
志です。それで具体的な弊害が出たら、それを解
決すればいいのです。

その② 出世すると責任が重くなる

　責任をとればいいのです。どうやってとればい

いのか？　江戸時代みたいに、腹を切るわけには
いきません。プロジェクトのたびに左遷していた
ら、人がいくらいてもたりません。毎回ペナル
ティを作って科していたら、複雑でわけがわから
なくなります。日本の会社で責任をとる方法とし
て一番いいのは、謝ることです。自分から先に上
司のところに行って、「申し訳ございませんでし
た」と頭を下げればいい。それだけです。

　部下には、「私が責任をとるから心配しないで
やってみて」と言えばいいのです。カッコいいで
しょう？　もし失敗したら、上司のところに行っ
て、一緒に頭を下げればいいのです。
　ポイントは必ず先に謝ることです。謝るのに慣
れていない方は、まず家族、友人、パートナーで
試してみてはいかがでしょうか。家族に、誠に申
し訳ございませんでした、と言うと、ついに頭が
おかしくなったと思われるので、「ごめんなさい」
とはっきり声に出して言ってください。人間関係
も良くなります。

その③　部下を管理する自信がない

　あせる必要はありません。ゆっくりやればいい
のです。大事なことは、部下にあなたをわかって
もらうことではなく、あなたが部下一人ひとりを
理解することです。一人ひとりの仕事のやり方、
速さ、くせ、得意なこと、苦手なこと、好きなこ

と、嫌いなことをゆっくりと観察してください。そして、その部下が張り切る、喜ぶ方法で対応すればいいのです。

それでもどうしてもうまく仕事ができない部下がいたら、仕事を変えてあげましょう。

その④ 出世する自信がない

自信なんていりません。必要なのは努力だけです。能力はあとからついてきます。

その⑤ 女性は出世しにくい

職場で女性が活躍することを快く思わない、邪魔をする男性は必ずいます。これは理屈ではなく、その人の本能です。皆さんも「生理的にムリ」というオジサンはいるでしょう？　それと同じことです。こういう人は何を言っても、どんな研修を受けても直りませんから、こういう人が上司ならば早く異動してください。手っ取り早く異動するには、部外に親しい管理職がいる、作ることです。その人に引っ張ってもらいましょう。

どうですか、出世してもいいと思いませんか？　むしろ収入が上がって、時間が自由になっていくのなら、出世すべきだと思いませんか？　そう、出世をすると人生がおトクになるのです。

自分の視点からだけで世の中を見てはいけませ

ん。次の話は本題からそれますが、違う視点から
見ることの例です。

　前に若い人から「職場で再雇用のオジサンたち
が集まって、いつも無駄話をしている。自分たち
が稼いだお金が、彼らの給料になると思うと本当
にムカつく」と言われたことがあります。
　私はこう言いました。「いい会社だね。あなた
が歳をとっても、カフェテリアで友達とおしゃべ
りができる、余裕の会社だね」と。そして、「あ
なたが心配しなくても、本当に会社が大変になっ
たら、真っ先に切られるのは、そういうオジサン
たちですよ」と。

> 　A君は常日ごろ、仕事もできないのに、誰でも年功序列で一律に出世していく仕組みに疑問を持っていました。会社も彼の考えに理解を示し、彼を制度変更の担当にしました。
>
> 　人事制度の変更には長い時間がかかります。しかし何年かあとに彼は制度を完成させました。そして、彼が第一期対象者となり降格されました。きっと仕事が遅くて、不正確だったのでしょう。

　視点を変えてみるのは本当に大切なことです。確かに今は若い人がお年寄りの年金を支えていますが、お年寄りが払った税金で作った道路や橋を、皆さんはタダで使っているという一面もあります。今はバブルのころに比べて生活レベルが低いという人がいます。でも、バブルのころはペペロンチーノを家で食べることはできませんでした。そういう食べ物があることを知らない人もいっぱいいました。

　私は織田信長にはなりたくありません。戦国時代は冷蔵庫がなかったので、食事はろくなものがなかったでしょうから。信長はワインを好みましたが、当時は超貴重品でした。今はコンビニに行けば500円で買えます。何があなたにとって本当におトクで豊かな人生なのか、いろいろな視点で

考えてみてください。ちなみにアインシュタインという物理学者の特殊相対性理論は、ある事象を一方だけではなく、別の角度から見た場合、違って見えることを証明した理論です。私たちも相対的に物事を見る力を養いましょう。

話を会社に戻します。先に挙げた再雇用のおしゃべりオジサンの話をしましょう。若い人が稼いだお金が彼らの給料になっているというのは本当でしょうか？　確かに今のオジサンは生産性が低いです。でも若い彼の上得意の顧客は、実はオジサンが30歳のときに新規開拓をして契約したお客さんかもしれません。

私は入社1年目で係長の仕事を引き継ぎましたが、初任給は係長の半分です。同じ仕事をしていても。歳とともに給料が上がる、年功序列型の給与体系です。この年功序列型給与体系に反発して、会社に仕組みの変更を迫ったのは、（正確に言うと、そんな世論を利用した会社にのせられたのは）当時若者だったバブル前後に入社した、今のオジサンたちです。

1990年代の終わりに多くの会社は実力主義の名のもと仕組みの変更を行いました。しかしこれは本当の実力主義ではなく、中間管理職を減らして経費を削減して、バブル崩壊後の不況を乗り切

ろうとしたのです。賃金カーブは40代で頭打ち
になり、これは今も続いています。何のことはな
い、当時の若者は自分で自分の首を絞めたのです。

先ほどの話ですが、私は初任給が低いことに何
の疑問も持ちませんでした。日本では給料は後払
いだ、と説明を受けていたからです。年功序列は
日本独特のものですが、日本人の長い歴史の中で
よくできた仕組みだと思っていました。すなわち、
若いうちは無駄づかいしないように賃金を抑え、
年齢とともに出費も増えてくるから賃金を上げて
いくという仕組みです。江戸時代の商家は丁稚（小
僧）、手代、番頭、暖簾分けという仕組みで年功
序列賃金体系を作っていたのでしょう。

残念ながら、賃金カーブの抑制と派遣社員の比
率増のために、年功序列のシステムは崩壊してい
くのですが、その引き金になったのは当時若者が
叫んだ実力主義というのは皮肉すぎます。本当の
責任者は、頭で考えて海外の真似をして、実力主
義を美化していた当時の学者、評論家、そしてマ
スコミでしょう。今の少子化、未婚率増などの原
因はまさにこれだと、私は考えています。

ちなみに実力主義というのは、一部の人間が選
ばれて、年功序列時代よりも、より高い報酬を得
るシステムです。ただ本当の実力かは疑問もあり

ます。そもそも実力の定義が曖昧です。大きな会社の場合、出身校や人脈かもしれません。会社がもうかる発明をすれば、ある程度偉くなれますが、たぶん社長にはなれません。トップセールスマン／ウーマンも報酬がいいですが、社長にはなれないでしょう。東大を出て、父親が政治家や官僚のお偉いさんだと可能性はありますが。

　若い人やマスコミで、オジサン・再雇用者の生産性の低さをどうにかすべきだ、などと議論されていますが、下手に仕組みを変えられて、自分がオバサンになったときに、安い給料で休憩のお茶を飲む暇もなく、やたら働かせる会社になっていないように祈っています。歴史はくり返しますので。

　私が本当に言いたいのは、他人のことを気にしないで、先に挙げたようにプチ出世して、収入が少しでも上がることを目指して欲しいということです。人のことを気にしても世の中は良くならないし、なによりもあなたのエネルギーを無駄につかいますから。それよりもあなたが60歳になったときに胸を張れるレガシーを何か残しましょう。

　そしていろいろな視点から物事を見れば、自分の悩みや問題、思い込みが、それほどのものでもないことが多々あることを実感できるはずです。

第3章

住んでいる
街を知ろう

街の選び方

　賃貸で大事なのは、一にも二にも物件ですが、本当に一番大切なのは街です。どんな街がいいのでしょうか？　一言で言うと、フランスの高級ブランドでもディスカウントショップでもダメで、性能、品質、デザインが良く、品数が多く、お値段もお手頃で、ブランドを主張しない日本のファストファッション、つまりユニクロのような街です。

　私が見てきた街の例を紹介します。

　以前に、郊外の事業所で働いていたときのことです。事業所のある駅の数駅手前の駅前は、当時再開発でマンションがいくつか建ちました。都心までドアツードアで1時間半以上かかります。価格は今のマンションの半分程度です。駅前には大きなスーパーはなく、居酒屋も1～2軒しかありません。しかし車で5分程度の国道沿いにショッピングセンターがあり、なんでも手に入り、美味しいレストランもあります。

　この国道、昔は街道で、その街道沿いに商店が並んでおり、周りは畑です。歴史のある街ですが、駅前が開発され通勤の街となったのは最近のことです。お父さんは通勤でヒーヒー言っていますが、そのおかげで子どもは私立大学までいけるでしょ

う。

　このようなマンションを中古で買っても誰も借りてくれません。このマンションは自腹で買って住むところです。彼らは非常に安く買っているので、最終的には人生の勝ち組になるでしょう。

　私は子どものころ、父の転勤で、田舎から都会の団地に引っ越してきました。当時できたての団地街で、団地棟が並ぶ地域と高級住宅地の地域にわかれていました。私が住んだのは、父の社宅で4階建ての2DK、便利なことに地下に通路があり、建物を出ないで友達のところに行けました。母親たちも、そこを通っていろいろなお宅でお茶会をしていました。裏は広い芝生で、友達とキャッチボールやサッカーをしました。

　街路樹が並んだ道を行くと、大きなスーパーが1軒ありました。田舎では見たこともなかったので、広いスーパーは衝撃的でした。スーパーの隣の敷地には広い公園があり、その隣には、できたばかりの小学校がありました。クラスにはかわいい子が多いなあ、と思いました。大人になってから当時の写真を見ると、顔がかわいい子が多いのではなく、田舎に比べて服装や髪形がオシャレだったのでしたが。

　当時の若いエリートサラリーマン家族やお金持ちが多く住んでいたので、子どもたちも頭がいい

子が多かった印象です。こんな街ですから、当時の奥さんたちはすごく自慢だったのだと思います。今の"湾岸のタワマン"みたいな感じです。

今そこはどうなっていると思いますか？　私のいた社宅は売られて、一般の人が住んでいます。公営住宅みたいな印象です。外側は塗り直されてきれいですが、あとは同じままです。団地は社宅が多かったのですが、皆売却されたようです。住宅地はそのまま残っています。結構建て替えられているようです。当時の大人は後期高齢者になっており、鬼籍に入られた方も多いはずで、代替わりしたり、売却されたりもしたでしょう。スーパーと小学校はなくなっていました。

街には歴史があります。過去だけでなく未来の歴史を考えましょう。50年後の、あなたが住んでいる街を想像してみてください。私の見立てでは、SFのように一気につくられた街は、年を経たときに衰退します。金妻（1983年のヒットドラマ『金曜日の妻たちへ』）の舞台である"たまプラーザ"も高齢化が進んでいます。銀行はこういった街から支店を引き上げ始めています。なぜなら、住民はATMしか使わないからです。

"大規模タワマン"は、50年後どうなっているのでしょうか？　皮肉ではなく、今タワーマンションの隣にある保育所は、確実にデイケアに

なっているでしょう。急速にタワマンが増えた川崎市の武蔵小杉も、今は学校の不足や通勤客の行列に悩んでいますが、50年後は介護問題で悩まされるでしょう。

あなたはこれから50年以上も、リフォームしながらマンションを貸し続けていかなければいけません。真剣に考えなくてはいけないのは、「50年後を想像して、状況がそんなに変わっていない街かどうか」です。

例えば、東京の浅草の辺りは、近くにスカイツリーができたくらいで、あとは大きく変わっていません。民家や商店が低層マンションやオフィスビルになったくらいです。マンションもゆっくり時間をかけて建てられてきたので、住む世代もまちまちで、年齢が偏っていることによる人口問題もありません。

なぜ湾岸や武蔵小杉が一気に開発されたかというと、そこに元々工場があって、それが撤退した跡地だからです。あなたが駅の近くに大きい工場があるところに住んでいたら、将来撤退してタワマンかショッピングセンターになるかもしれません。それがあなたにとって吉と出るか凶になるかはわかりませんが……。

私が条件に挙げた、学校（特に歴史のある大学

がいい。偏差値は関係ない）、お寺や神社（普段もたまに観光客が来て、正月はある程度参詣客が来る）は50年後も動かないので、街が安定します。

一度あなたが住む街の歴史を調べてください。地域の図書館に行けば、街の歴史を調べることができるコーナーがあります。

あなたやあなたの友人が将来一軒家を買おうとした場合、50年前とか70年前の上空から撮った写真を確認してください。地図なら、探せば明治時代のものがあるはずです。確認したいのは、そこがもともと何だったのかです。

沢は最悪で、田んぼもいやですね。埋立地、つまり海もできれば避けたいところ。言うまでもなく注意したいのは、地震の際の地盤の強さと液状化です。つまり、少し高台がいいということですね。もちろん役所がホームページに載せている津波・水害ハザードマップも確認しましょう。

私は昔の海岸線から数百メートル離れた高台に住んでいるのですが、最近近くに縄文時代の遺跡が発見されました。縄文人も漁に便利な海岸の近くではなく、少し離れて、坂があっても高台に住んでいたのですね。そういう意味で、"東京の山の手"にある白金台に住むことは、理にかなって

います。私には買えませんが。

■ フランスの高級ブランドのような街

　例えるなら表参道のようなエリアです。理由は簡単で、高くて買えないからです。万が一買ってしまったら、確実に赤字になります。銀行も融資してくれないでしょう。

　あなたが原宿に住んでいるなら、原宿ではなく別のところを探さなければなりません。条件に合う街に引っ越して欲しいですが、事情があって無理な場合は、どこか条件に合う駅を決めて、そこを頻繁に訪れて、その街をよく知る必要があります。まあ、原宿に住んでいるのならば、そもそも大家になる必要はないのかもしれませんが。

■ ディスカウントショップのような街

　私鉄の各駅停車しか停まらないところを想像してください。駅から出ても店があまりありません。スーパーは、駅からちょっと離れたところにあります。前にも述べましたが、スーパーは非常に重要で、必ず駅とマンションの間になければなりません。会社から帰って一度部屋に着いたら、もう一度出かけるのは面倒ですし、ましてやマンションの前を素通りして買い物に行くのは最悪です。銀行や大きな書店は、近くの急行が停まる駅

に行かないとありません。

あなたがこういう街に住んでいるのならば、本当に引っ越しを検討しましょう。街の力が弱いですし、今後の発展もまず見込めないでしょう。この街の中古マンションは安く手に入れられるかもしれませんが、店子は十数万円も払って、あえてこの街に住む必要がないので、誰も借りてくれません。この街の賃貸の主流は、家賃数万円のアパートです。

■ 日本のファストファッションのような街

「ユニクロなどの日本のファストファッションの服を着ている人が住んでいるような街がいい」というのは、半分冗談で半分本気です。計画的で合理的、派手ではなく手堅い街です。

オフィス街から、東京ならドアツードアで1時間、福岡なら30〜40分以内くらいでしょうか。この条件とスーパーか商店街が駅近にあるという条件を満たせば、基本的にOKでしょう。今まで説明した街の基本の力はあるので、あとは50年後を想像して、そのままで存在していそうかどうか、ということになります。冒頭に挙げた必要十分条件にたくさんあてはまるほど、リスクは少なくなります。

「あなたの街の知識」が、唯一と言っていいあなたの武器です。ぜひ街の歴史を図書館で調べてみてください。駅の周りを歩いてください。平日、休日の街のようすをつかんでください。朝、昼、晩の改札を見て、どんな人が乗り降りするのか見てください。不動産サイトの物件の地図を見て、そこのようすがイメージできるようになってください。

　その物件の場所が、あなたなら住んでもいいのか、住みたくないのか、イメージできるようになりましょう。

　あなたのもう一つの武器である「時間」はたっぷりあるので、ゆっくりやればいいのです。

第4章

ジモティ（地元民）
になろう

地元の人と知り合う

　実家に住んでいない方は、近所にママ友以外の知り合いがいません。常連の飲食店の人くらいでしょう。なぜなら、知り合いは職場、学校、趣味、SNSなどのつながりでできているからです。

　"マイルドヤンキー"と呼ばれる人たちがいます。地元志向の強い若者で、外見は茶髪、ヤンキーっぽい服や作業服（最近の作業着は格好いい）を着ています。地元企業に勤めて、出現場所はゲームセンター、カラオケ、ショッピングモールなど地元のお店です。彼らが外出するのは、友達と釣りに行ったり海に行ったりする以外は地元で、デートは別ですが、基本的に渋谷などの街には興味がありません。

　ちなみにコンビニのレジで評判のいい客は、この人たちだそうです。笑って一言話しかけてくれる人が多いそうです。逆に評判が悪いのは意識高い系とオジサンです。

　ということで、「あなたもマイルドヤンキーになりましょう」ということではないですが、地元で事業をするわけですから、地元に取引先や知り合いができてきます。

この人たちはあなたのために働いてくれる人たちですから、とても大切です。具体的には、賃貸の不動産屋さん、リフォーム屋さん、そして信用金庫の担当者です。相手にとってあなたはお客さまですから、基本愛想はいいです。あなたも素直に彼・彼女らの懐に飛び込んでいけば、相手も人間ですからサービスもよくなります。

信用金庫とのお付き合い

　最初に付き合うジモティ（地元民）は、信用金庫の支店の担当者です。なぜ信金かというと、都銀や地銀だとローンを断られる可能性があるからです。信金は普通テリトリー制になっているので、必ず家から一番近い支店を探してください。今までの銀行との付き合いとは違い、対等な関係になります。規模は小さいですが、あなたも金融機関の取引先になるのです。

　前述のように、同じローンでも住宅ローンではあなたは"ただのお客"ですが、今回のように"対等なビジネスパートナー"になるためには、あなたの本気度と信用を示す必要があります。

　その準備として必要なのが、あなたの普通預金、定期預金などの金融資産を、全部この支店に移し、給与振り込み口座も可能ならここに移し、あなたの信用度を見てもらい、あわせて彼らに実績をあげることなのです。

　そして、「私は将来マンションを買って運用しますので、そのときはぜひ融資をお願いします」と伝えてください。もらった名刺は次に会うときに使うので、大切に保管しましょう。

　さて、いよいよマンションの手付金も払い、購

入が決まった段階になったら、信用金庫の担当者に電話をしてアポをとります。持っていくものは三つです。

❶物件情報

サイトに掲載されていたもののコピーです。

❷収支概要

購入額、頭金、家賃、15年元利均等・固定金利2.5%（2%）の場合の毎月の返済額、管理費、修繕費、不動産管理手数料、よって毎月何円あまる・たりないので、給与で穴埋めするなど、収支の概要をまとめた書類です。以下の表を参考にしてください。

収支例

購入額	2,400万円
家賃の想定額	14万円
15年元利均等・固定金利 2.5%の場合の月々の返済	113,354円
毎月の費用 （管理費 修繕費 不動産管理手数料）	27,000円 （10,000円 10,000円 7,000円）
毎月の収支	▲354円

頭金と初期費用の計算

購入額2400万円−借入額1700万円＝700万円

700万円＋初期費用155万円＝855万円

（初期費用の内訳）

不動産仲介手数料	70万円
登記料	55万円
リフォーム代その他	30万円

❸類似物件の情報

　この物件と家賃は競争力があるということを説明するために、近所にある似た賃貸物件の例をいくつかプリントします。

　これらを企業では「事業計画書」と呼びます。あなたがパン屋さんを開業する場合に、融資をお願いするときにも作らなくてはいけないものです。信用金庫の人が行うことは、このマンションに借り手が付きそうか、判断することです。物件を見に行く熱心な担当者もいます。

　次にこのマンションの価値の判断です。これは販売価格ではなく、場所、広さ、築年などから、担保価値を彼らのやり方で計算します。彼らにとっては築年が重要で、古いと評価額が融資希望額にとどかない場合があります。この場合、担当者が本部や支店長とかけあって了承をとります。つまり担当者が熱心な人ほど有利な条件が出ま

す。それでもたりない場合は、親に借金をしてでも頭金を揃えるしかありません。

　融資をお願いするときに必要なノウハウは、特にありません。一にも二にも、熱意と誠意と正直さです。カッコつけても、嘘は必ずばれますから、正直に落ち着いて、ゆっくり話せばいいのです。

　融資がおりたら、あなたと売主、不動産屋さん、司法書士（登記書き換え）、信金の担当者がこの支店の会議室に集まります。会議のアレンジをするのは、不動産屋さんです。判子をたくさん押して購入完了。カギを受け取ります。

　不動産仲介手数料は契約時、つまり前金（数百万円）の支払い時に半額、残りはこの日に支払います。

　数カ月すると税務署から不動産取得税の納税通知が来ます。取得税は、固定資産税評価額の4％です。うかつには言えませんが、評価額は普通購入額よりも低いです。他には確定申告があります。あなたの源泉徴収の収入に家賃収入を加えて、経費を引いた残りの利益に対して、追加で税金を払います。専用ソフトを購入して、入力していけば簡単にできます。

このソフト代やスマートフォン、パソコン、電話代、建物部分の金利、減価償却費など、不動産を管理する上で使うものは、経費として計上することができます。詳しくは、ビジネス書や関連サイトを見てください。

後は、固定資産税の支払いが毎年あります。

賃貸の不動産屋さんとのお付き合い

次に、賃貸の不動産屋さんです。なんといっても、これから何十年もお付き合いする人ですから、とても重要。残念ながら（？）おじさんが多いです。当たりはずれも大きいです。あなたが不動産屋さんを選ぶ基準は「人」。これだけです。後はどこも同じです。

物件を買ったら、自宅や駅に近い地元の不動産屋さんを何軒か回りましょう。若い女性が物件を貸すのはまれですから、結構"上から目線"で応対してくる人もいるでしょう。そういうところは、「考えてみます」などと言って、早々に退散してください。話しやすそうな、相談しやすそうな人が"当たり"。そこで決めていいです。

ちなみに私の経験では、出てくるお茶が美味しいところは、当たりのところが多いです。お茶葉

の種類だけではなく、その量や温度、蒸らしの時間、二つのお茶碗に少しずつ交互に入れる淹れ方を知っている人がいるところが、いい不動産屋さんです。お客さんに少しでも美味しいものを飲んでほしいというサービス精神の表れで、こういうお茶を、今はほとんど飲めなくなりました。

1 店子さんの募集

さてこのおじさんと、これからどういう付き合いになっていくのでしょうか？　あなたは物件の概要・平面図がかかれた紙（WEBサイトをプリントしたもの）を彼に渡して、希望の家賃を伝えます。敷金・権利金の月数は類似物件に合わせたいと言いましょう。

基本、彼はあなたの言う通りに募集をかけます。不動産屋さんは家賃を決めません。この手の不動産屋さんはマンション物件にそんなに詳しくありません。彼の主たる取り扱いはアパートと駐車場です。それなのに、なぜ駅前の大手不動産ではなくこちらを選んだのか？　彼があなたのために、長くフレキシブルに働いてくれるからです。

彼が不動産会社専用のデータベースに物件情報を登録し、それが、一般の人が見る不動産サイトに掲載されます。駅前の大手不動産会社も、小さ

い不動産屋さんも、同じ情報を入手して、来客者に薦めます。つまり、その辺一帯の不動産屋さんすべてが、あなたの事業の"営業"として動いてくれます。だから、長く付き合う不動産屋さんは、マンション市場に詳しくなくてもかまわないわけです。

大手不動産会社に来客があって、この物件を見たいとなったとしましょう。大手の担当者は、あなたがパートナーと決めた不動産屋さんに電話をして、アポを取り付けてきます。この時点で、物件を見たい人は、大手不動産会社のお客さんから地元の不動産屋さんのお客さんになります。

もし契約が成立したら、大手不動産会社は、地元の不動産屋さんから謝礼（権利金）をもらいます。普通、家賃1カ月分です。地元の不動産屋さんも謝礼を受け取るには、権利金を2カ月にしなければなりませんが、最近は競争も厳しいようで、取らないケースも増えています。それよりも、未来永劫続く管理手数料のほうがはるかに重要ですから。ちなみに不動産屋さんにとって、大家は店子の百倍重要なお客さまです。これらのお金は地域によって慣習が違うので、具体的な内容は自分の地域の賃貸サイトを見てください。

地元の不動産屋さんが店子候補の人とあなたの

物件を内見し、もし入居したいと言われたとしましょう。彼はあなたにすぐ電話してきます。あなたに喜んでもらうためです。数日すると彼からまた電話がきて、契約書にサインして欲しい、と言われます。そんなに急がないので、都合のいい日に不動産屋さんに行ってサインしてください。あるいは郵送のやり取りかもしれません。

2 店子さんからのクレーム対応

その後の地元の不動産屋さんの大事な仕事は、店子さんからのクレーム対応です。家賃回収も仕事ですが、保証会社をつけるので、これは大丈夫。クレームには、次のようなものがあります。

●水が漏れる、トイレがつまる

賃貸の不動産屋さんになじみの修理屋さんに連絡してもらい、修理屋さんは店子さんと日程を調整して修理します。あとからあなたに請求書が送られてきます。

●エアコンが壊れる

居間のエアコンは必須でしょう。シンプルで安いものでいいです。エアコンの取扱説明書やホームページに書いてあるサービスセンターにあなたが自分で電話します。事前に店子さんの携帯番号を不動産屋さんに聞いてください。

業者から店子さんに電話してもらい、日程を調整して修理します。業者に、請求書は自分に送ってくるよう伝えてください。交換が必要な場合、あなたが電器店に行って、一番シンプルなものを購入します。取り付け先は店子の住所で、日程は店子さんと直接やり取りしてもらってください。

●給湯器が壊れる
　給湯器は10〜20年で壊れます。地元の不動産屋さんに頼んで、なじみの業者に交換してもらいます。あとからあなたに請求書が送られてきます。

●ガス台、IH調理台が壊れる
　あなたが修理窓口に電話して、店子と日程調整をしてもらいます。請求書は私に送ってください、と伝えてください。交換が必要な場合、あなたがガス会社か電器店に行って、一番シンプルなものを購入します。取り付け先は店子さんの住所で、日程は店子さんと直接やり取りしてもらってください。

　これらのことはめったに起きませんが、いずれは起こることです。クレームを受けるのは彼（地元の不動産屋さん）です。店子さんをなだめるのが、彼の大事な仕事になります。

3 空室になったあとの再募集

　賃貸の不動産屋さんのもう一つの大きな仕事は、店子さんが出て行ったあとに、再募集をかけることです。やり方は、初めに募集をかけたときと同じです。私が薦める2LDKか3LDKで、前述の条件にはまれば、借り手はすぐに決まるでしょう。早ければ1カ月、遅くとも2カ月後というところでしょうか。この空室期間は、再募集とリフォームのために絶対必要な時間ですから、ロスではありません。

　ちょっと話がそれますが、店子さんにどのくらいの期間住んでもらえるのか、家族のタイプ別に見てみましょう。

●サラリーマン家族
　5〜10年くらい。退去理由は、転勤や自宅購入などです。

●高齢者夫婦と、やや高齢になった子ども
　私の店子さんにも数軒おられます。住み始めて十数年になりますが、今も入居されたままです。今さら自宅を買わない（買えない）からだと推測します。それに、お年寄りは住み慣れた家を出たがりません。

長く住んでもらうことは非常に大事です。次の入居者が入るまで空白期間がないからだけではなく、壊れる以外にリフォームをしなくてもいいからです。リフォームについては次に述べます。

リフォーム屋さんとのお付き合い

　前述しましたが、あなたが賃貸の不動産屋さんを決めたとき、彼とリフォーム屋さんとあなたの三者でマンションの部屋を見に行きます。リフォーム屋さんは彼のなじみの人です。両者からどこを直せばいいのかを聞きます。購入時にリフォーム済みであれば、このときにリフォーム屋さんは呼びません。程度にもよりますが、リフォームしていない場合にやらなくてはいけないのは以下です。また、店子さんが出た場合は、確実にリフォームが必要になります。

●和室がある場合は、畳、襖、障子の張り替え
●汚れの状況によっては、壁紙、床の張り替え
●ハウスクリーニング

　価格は安いものでいいのですが、「落ち着いた色・デザインにしてください」とリフォーム屋さんに伝えてください。そうするとリフォーム屋さんの彼（おじさん、お兄さんが多いです）が、適

当に材料を見繕ってくれるので、あなたは何も選ぶ必要はありません。

ハウスクリーニングは必須です。壁や床の張り替えは、頻度は少ないですが、結構お金がかかります。全部で数十万円というところでしょうか。彼は工事を手配して、あとからあなたに請求書を送ってきます。

■自分で揃えるもの

あなた自身が取り揃える必要のあるものがあります。

●照明

部屋の照明は、そのまま使ってもいいですが、できればすべてをLEDタイプに切り替えてください。店子（候補）さんも内見で気に入るでしょうし、ほとんど壊れないので、あとが楽です。照明には取り付け口にタイプがあり、リフォーム屋さんに据え付けを依頼して、タイプを教えてもらってください。

そして、あなたが電器店に行って、そのタイプのベーシックなものを購入します。配達日程はリフォーム屋さんと直接話してもらいます。

●エアコン

　居間のエアコンは、物件購入時に付いていなかったら、自分で取り付ける必要があります。電器店に行って、ベーシックなものを購入してください。こればかりは、あなたが取り付けの立ち合いをしなければなりません。施工の時間指定はほとんど大雑把なので、本かスマホで時間をつぶしてください。

　当然ですが、これらの工事や取り付けは、不動産屋さんが募集をかける前に行います。入居者が変わるたびにリフォーム屋さんと会うことになるので、リフォーム屋さんも信用金庫の担当者、賃貸の不動産屋さんと同じく、重要な人です。職人気質で無愛想な人もいますが、あなたの選んだ不動産屋さんと長くパートナーを組んでいる人だから大丈夫です。あなたの自宅の簡単なリフォームも、この人にお願いするといいでしょう。ただし、デザイナーズマンションのようなリノベーションをすることはできないでしょう。

リフォーム費は必要経費

　修繕やリフォームにかかるお金は、リスクではありません。不動産事業を行う上での必要経費です。

　10年に1度のペースで店子さんが入れ替わるとして、あくまでも目安ですが、50年でリフォーム代10万×5回=50万、エアコン5万×3回=15万、給湯器20万×3回=60万、ガス台10万×2回=20万、合計145万円。2件で290万円です。

　経費としては高いと感じる人もいるかもしれませんが、実際は50年で利益の1億2,000万円の2.4%にすぎません。

　話が少しそれますが、自宅のローンというと、汗水たらして35年かけて返済しているイメージがあるかもしれませんが、これは間違っています。正しくは、年々、自分の領土が増えていくイメージです。

　購入した物件の間取り図を使って想像してみましょう。まず、購入額の中で頭金の割合分、間取り図に色を塗ります。次に、色のついていないスペースを15年ローンとして15等分し、毎年一つずつ色を塗っていきます。今年は居間に到達したとか、お風呂が塗りつぶせたというように、経済学的なイメージはこちらのほうが正しいのです。

多くのファイナンシャルプランナーは、金融商品を売る会社から収入を得ることで生計を立てています。彼らが書いた記事や本を読むと、自宅は購入するよりも賃貸にして、金融投資を薦めるような内容が多いのですが、真に受けないほうがいいでしょう。

賃貸は、若いときはいいのですが、80代、90代になったときのリスクは非常に高いのです。大家は貸し渋るし、年金だけでは十分な家賃を払えません。人生の最終期を6畳の賃貸アパートで暮らすのは哀しすぎます。

ところで、政府機関が発表している「定年退職後の必要経費は夫婦で平均月額26万円（余裕がある生活で35万円）かかる」というのは、"持ち家"が前提だということを知っていましたか？

知らなかった方にとっては、ちょっとしたホラーですよね。

次のページでは、私が持っている物件を例として紹介します。

神奈川県横浜市　東京まで電車で30分

駅から徒歩6分

街は大手書店の入った駅ビル、駅前に大手スーパーと商店街、都銀の支店、大手の書籍チェーン店、歴史ある大きなお寺があり、お盆には屋台が出る。

幼稚園から大学まで一貫の大学がある。

物件	63平方メートル、3LDK、築30年
購入額	1,450万円 （相場は1,800〜2,400万円） 契約時に100万円。残りは入居時
ローン	1,250万円 15年返済・利率2.5%
不動産仲介手数料	53万円
リフォーム代	10万円
登記料	36万円

月の収支

家賃収入12万円－管理修繕費3万円－ローン返済8万円－不動産管理費0.6万円＝＋0.4万円

＊売主の都合で、入居が契約から半年後だったため、安かった。

事例❷

街は事例1と同じ。

物件	60平方メートル、3LDK、築20年 駅から徒歩7分
購入額	1,950万円 (当時の相場は2,400〜 2,800万円、今は3,000万円超)
ローン	1,500万円 15年返済・利率2.5%
不動産仲介手数料	68万円
リフォーム代	15万円
登記料	50万円

月の収支

家賃収入14万円－管理修繕費3万円－ローン返済10万円－不動産管理費0.7万円＝ ＋0.3万円

＊売主が新築マンションに翌月入居希望で、早く売却し、現金化したかったため、安く売り出していた。

大家さんなら
知っておきたい

不動産
用語集

※不動産用語集の情報は2020年3月現在のものです。

あ行

RC造 ◆あーるしーぞう

「鉄筋コンクリート構造」という意味。柱や梁などの主要構造部に鉄筋の入ったコンクリートを用いた建築構造。コンクリートと鉄筋を組み合わせているため、耐久性、耐震性、耐火性、遮音性に優れている。中高層の建物に多く見られる構造。

青田売り ◆あおたうり

造成工事や建築工事が完了していないのに宅地や建物の販売などをすること。完成前の説明と完成したものの内容が違うなどのトラブルが生じやすいので、開発許可や建築確認などの行政の許可を受けてからでないと広告や契約をしてはならないことになっている。

青地 ◆あおち

登記所に備え付けられている公図において青く塗られた部分のことで、国有地である水路や河川敷を示す。青地を含む敷地を持つ中古住宅を購入する場合には、青地（国有地）を国から払い下げてもらう手続きを踏むのが安全である。

赤地 ◆あかち

登記所に備え付けられている公図において、赤く塗られた部分のことで、国有地である道路を示すもの。このような赤地を含む敷地を持つ中古住宅を購入する場合には、赤地（国有地）を国から払い下げてもらう手

続きを踏むのが安全である。

アセットマネジメント ◆あせっとまねじめんと

不動産業界におけるアセットマネジメントは、投資用不動産を管理・運用する業務をいう。

頭金 ◆あたまきん

住宅購入代金のうち、現金で支払う金額のこと。従来は頭金は最低2割必要といわれていたが、「フラット35」では物件価格の9割が融資限度額なので、必要な頭金は1割になる。頭金ゼロでも融資可能なローンもある。

一般定期借地権 ◆いっぱんていきしゃくちけん

次の3つの契約内容を含む定期借地権のこと。
❶更新による期間の延長がない。
❷存続期間中に建物が滅失し、再築されても、期間の延長がない。
❸期間満了時に借地人が建物の買取を地主に請求することができない。存続期間は少なくとも50年以上とする。

一般媒介契約
◆いっぱんばいかいけいやく

依頼者（売主や貸主）が複数の宅建業者に重複して依頼できる媒介契約。依頼を受けた業者にとっ

ては独占的にその取引の媒介業務を行うことはできないが、業者間で物件情報を共有することで顧客に対しては幅広い情報の中から紹介できるというメリットがある。

移転登記 ◆いてんとうき

所有権移転登記のことで、不動産の売買取引において、不動産の所有権が売主から買主に移転したことを公示するための登記。

印鑑証明 ◆いんかんしょうめい

捺印された印影が、あらかじめ届けられた印影（印鑑）と同一であることを証明する官公署の書面。印鑑届けをした印が「実印」である。公正証書の作成、不動産登記などの際に、文書作成者が本人であることを証明するために必要とされる場合が多い。

印紙税 ◆いんしぜい

契約書、受取書、証書、通帳などを作成する際に課税される国税。不動産売買契約書、建築工事請負契約書、土地賃貸借契約書、代金領収書などは課税文書であるが、建物賃貸借契約書や不動産媒介契約書は課税文書ではない。

請負契約 ◆うけおいけいやく

請負人が仕事を完成させることを約束し、注文者がその仕事の完成に対して報酬を支払うことを約束して交わす契約。工事請負契約では、工事名称、工事場所、

工期、請負代金などを明記した工事請負契約書を作成し、契約約款や設計図書、見積書などを揃える。

内金 ◆うちきん

売買契約が成立した後に、売買代金の一部として買主から売主へ交付される金銭のこと。手付が売買契約が成立する際に交付されるのに対して、内金は契約成立後に交付されるという違いがある。

エクステリア ◆えくすてりあ

住宅の外まわり全般を指す言葉として用いられている。具体的には、建物の外壁や庭、外構、門扉、塀、フェンス、物置、車庫など。建物の外側に使われる資材や、庭・外壁などを合わせた住宅の外観全体、地域全体の景観を含めて使われることもある。

SRC造 ◆えすあーるしーぞう

「鉄骨鉄筋コンクリート構造」という意味。鉄筋コンクリートに、鉄骨を内蔵させた建築構造。比較的小さい断面で、強い骨組を作ることができ、粘り強さもあるため、高層建築に多用されている。

オーナーチェンジ ◆おーなーちぇんじ

賃貸住宅の所有者が、賃借人が入居したままその建物を売却すること。購入者は新たに賃借人を見

つける必要がなく、投資用のワンルームマンションで
よく使われる方法である。引継ぎなどに注意が必要で
ある。

オープンハウス ◆おーぷんはうす
販売しようとする物件の内部を一定の期間、担当営業
員が常駐して、買い希望客に公開するという販売促進
活動を指す。

か行

買い換え特約 ◆かいかえとくやく
不動産の「買い換え」の際、手持ちの物件が売却でき
ない場合に備えて、売買契約に白紙解除できる旨の特
約をつけることをいう。なお、買主が白紙解除した場
合の注意事項を明記しておく必要がある。

瑕疵担保責任 ◆かしたんぽせきにん
売買の対象物に隠れた瑕疵（＝外部から容易に発見で
きない欠陥）がある場合、売主が買主に対してその責
任を負うこと。

仮換地 ◆かりかんち
公共施設の整備改善や宅地の利用増進を図るために行
う土地区画整理事業は広範囲で長期的に行われること
が多いため、事業開始前に地権者用に仮の換地が割り
当てられる。割り当てられた土地やその制度自体の呼
び名。

管理規約 ◆かんりきやく

マンションなどの区分所有建物で、マンションの管理
運営について管理組合が定めるルールをいう。

元利均等返済 ◆がんりきんとうへんさい

元金を毎回同額ずつ返済し、残元金に応じた利息分を
支払うように設定された返済形式。元利均等方式より
も元金部分の返済が早く進むので返済総額を抑えられ
る。

管理組合 ◆かんりくみあい

マンションなどの区分所有建物で、建物並びにその敷
地及び付属施設の管理を行うため、区分所有者全員で
組織する団体のこと。管理組合は、最低でも年に1回、
総会を開き、予算案の作成や会計報告、議題について
話し合い、管理に関する計画を立てる。

基礎 ◆きそ

建築物を支え地盤に定着させる構造部分のことをいう。
「直接基礎」と「杭基礎（深基礎）」の2種類がある。

既存不適格建築物 ◆きぞんふてきかくけんちくぶつ

現行の建築基準法・都市
計画法等の法令に違反し
ている建築物であって
も、法令が施行された時
点においてすでに存在し
ていたり、工事中であっ

た建築物等については、違法建築としないという特例を設けている。このような法律的には違法でない建築物のこと。

キャピタルゲイン ◆きゃぴたるげいん
投下元本の値上がり益。

金銭消費貸借契約 ◆きんせんしょうひたいしゃくけいやく
住宅ローンの借入に際して金融機関と締結する契約のこと。一般的には、購入者は購入目的物である住宅を抵当として金融機関に差し入れ、金融機関がその住宅に抵当権を設定する。

区分所有権 ◆くぶんしょゆうけん
マンションなどの区分所有建物において、建物の独立した各部分のことを「専有部分」といい、この専有部分を所有する権利のことを「区分所有権」という。

繰上げ返済 ◆くりあげへんさい
住宅ローンの定期的な返済とは別に、ローン残高の一部または全部を繰り上げて返済すること。

競売 ◆けいばい
広義には、売主が多数の買受けの申し出をさせ、最高金額を提示したものに売買するしくみをいう。不動産業界においては、抵当権者が一定期間内に取得者から債務が支払われなかった場合などに実行される。

建築基準法 ◆けんちくきじゅんほう

国民の生命、健康及び財産の保護を図ることを目的とし、建築活動の規制や誘導を行う日本の建築に関する基本的な法律。個々の建築物に関する単体規定と、都市計画区域内等における建築物相互に適用される集団規定で構成されている。

建築協定 ◆けんちくきょうてい

環境保全や個性的な街づくりを目的に、土地の所有者全員の合意によって、建築基準法などに重ねて一定の制限を加えること。

建築面積 ◆けんちくめんせき

建築物の外壁またはこれに代わる柱の中心で囲まれた部分の水平投影面積をいう。

建ぺい率 ◆けんぺいりつ

建築物の建築面積の敷地面積に対する割合のこと。建築基準法では、建築物の日照、採光、通風を十分に確保し、災害を防ぐために用途地域に応じて建ぺい率を制限している。

権利金 ◆けんりきん

借地権や借家権の設定・移転の対価として、地代や賃料以外に支払われる金銭をいう。

更新料 ◆こうしんりょう

一定期間を定めた継続的契約において、満了時に更新契約を締結する際に支払われる一時金のこと。賃貸住宅では一般的に2年ごとに更新料が必要になり、相場は家賃の1カ月分相当となっている。

高度地区 ◆こうどちく

都市計画法に基づき、建築物の高さが定められた地区。良好な住環境を維持するために、建築物を指定した高さ以上にしてはならない最高限度を定めた地区と、土地の高度利用の面から、建築物を指定した高さ以上にしなければならない最低限度を定めた地区とがある。

固定資産税 ◆こていしさんぜい

土地や建物を所有している人に対して課される地方税のこと。税額は原則として「固定資産税課税標準額」の1.4％となっている。ただし一定の新築住宅や小規模住宅用地などは軽減される。

さ 行

財形住宅資金融資 ◆ざいけいじゅうたくしきんゆうし

財形貯蓄をしている会社員が、住宅を購入する際に利用できる公的融資。財形貯蓄をしている会社員が対象なので、自営業や自由業を営む人は利用できない。

債権・債務 ◆さいけん・さいむ

「債権」とは、ある人が相手方に金銭や物などを請求

し、これを実行させることを内容とする権利。「債務」とは、相手方に金銭や物などの給付を義務付けられていること。

市街化区域 ◆しがいかくいき
無秩序な開発を防ぎ、計画的な市街化を図るために定められた都市計画区域の区分の一つで、既に市街地を形成している区域と、10年以内に優先的かつ計画的に市街化を図るべき区域をいう。

市街化調整区域 ◆しがいかちょうせいくいき
無秩序な開発を防ぎ、計画的な市街化を図るために定められた都市計画区域の区分の一つで、当面の間は市街化を抑制すべき区域をいう。多くの場合、農地が広がり建築物の密度が低い地域に指定され、原則として住宅等の建設が禁止されている。

敷金 ◆しききん
建物の賃借人が、賃料その他賃貸借契約上の債務を担保するため、貸主に交付する金銭。敷金は契約が終了して建物等を明け渡した後に、未払賃料等があればこれを控除したうえで返還される。

敷引 ◆しきびき
借主から貸主に対して交付された敷金のうち、一定の部分を借主に返還しないという慣行があり、返還しな

い部分を「敷引」という。

シックハウス症候群 ◆しっくはうすしょうこうぐん

住宅に起因する、倦怠感、めまい、頭痛、湿疹、のどの痛み、呼吸器疾患などの症状を総称していう。汚染された住宅内の空気を吸引することによって発症する場合が多いとされる。

私道負担 ◆しどうふたん

不動産売買において、対象となる土地の一部が「私道の敷地」となっているときの私道の敷地の部分。私道負担に関する事項は、重要事項として説明しなければならない。また、不動産広告では、区画面積と私道負担面積とを分けて表示しなければならない。

遮音等級 ◆しゃおんとうきゅう

遮音性能を基準に照らし合わせ、等級に表したもの。例えば床の遮音等級は記号「L」で表示され、マンションの場合は「L45」～「L50」程度が一般的な等級で、小さいほど遮音性能に優れる。遮音性能は、床のスラブ厚や工法、床の仕上げ材料により決まる。

借地権 ◆しゃくちけん

建物の所有を目的として地主から土地を借りて使用する権利。借地権の契約期間は最低30年以上で、借地人が更新を求めた場合には同一の条件で契約を更新しなければならず、更新後の契約期間は1度目が20年以上、2度目の更新以降は10年以上とされる。

住宅金融支援機構 ◆じゅうたくきんゆうしえんきこう

政府の保証を背景とした住宅金融業務を実施すること
を目的に設立された「住宅金融公庫」の権利義務を引
き継ぐ形で2007（平成19）年に設立された。民間金
融機関と提携した金融商品「フラット35」を提供し
ている。

重要事項説明 ◆じゅうようじこうせつめい

取引物件の契約を締結する前に、宅地建物取引業者が
宅地建物取引士を用いて買主または借主に、取引物件
の重要な事柄を説明することをいう。宅地建物取引士
は、売買契約・賃貸借契約を締結するよりも前に、重
要事項の説明をするよう法律で義務付けている。

専任媒介契約 ◆せんにんばいかいけいやく

宅地建物取引を行う際に宅建業者が依頼者と結ぶ媒介
契約の一つ。依頼者は複数の業者に物件の仲介を頼む
ことができない。複数の業者に依頼できないという拘
束を受けるため、宅建業法によりいくつかの特別な規
制が設けられている。

専有面積

◆せんゆうめんせき

分譲マンションなどの
区分所有建物で、専有
の対象となる部分（＝
区分所有権の目的とな
る部分）を「専有部分」

といい、その面積のことを「専有面積」という。販売広告では、「専有面積70平方メートル」のように専有面積を表示していることが一般的である。

相続税 ◆そうぞくぜい

相続や遺贈（遺言によって財産を贈与すること）で取得した財産にかかる税金を「相続税」という。ただし、正味の遺産額が基礎控除額（3,000万円＋法定相続人の数×600万円）を超えたものが課税の対象となる。税率は10〜55％の超過累進率が適用。

贈与税 ◆ぞうよぜい

他人から財産の贈与（死因贈与は除く）を受けた場合、その受けた人物に課税される国税をいう。個人から個人への贈与があった際に課せられ、個人が法人から受けた場合は、所得税となる。

た行

耐火建築物 ◆たいかけんちくぶつ

壁、柱、床、梁、屋根などの主要構造部が一定の耐火性能を有した建築物。鉄筋コンクリート造、レンガ造、コンクリートブロック造などの建物で、分譲マンションなどが該当。外壁の開口部で延焼の恐れがある部分に防火戸などの防火設備を備えなければならない。

宅地建物 ◆たくちたてもの

宅地建物取引業法における「宅地」とは現在建物が建っ

ている土地、または建物を建てる目的で取引される土地のことをいう。また都市計画法に規定する用途地域内の土地については、道路や公園、広場など公共施設の土地を除き、すべて宅地として取り扱われる。

地上権 ◆ちじょうけん

他人の土地において、工作物等を所有する目的で、その土地を使用する権利をいう。土地所有者の承諾がなくても譲渡・転貸が自由であること、土地所有者に登記義務があることなどから、土地賃借権と比べて借地人の権利が強く、より所有権に近いといえる。

仲介手数料 ◆ちゅうかいてすうりょう

宅建業法でいう媒介報酬の一般的な呼び方。媒介（仲介）を依頼され、契約を成立させた際に受け取る報酬のこと。

長期プライムレート ◆ちょうきぷらいむれーと

銀行が最優良企業に貸出しをする際の最優遇金利のことで、貸出し期間が1年以上のものをいう。現在では、金融機関の資金調達費用などを考慮し決定される。住宅ローンの金利は、このプライムレートの動きに影響される。

賃貸借 ◆ちんたいしゃく

相対する当事者間で貸借の契約をすること。借主は、貸主に賃料を支払う義務がある有償契約になる。建物所有を目的とする土地の賃貸借では、長期の契約期間を必要とするので、存続期間を30年以上と定めている。

つなぎ融資 ◆つなぎゆうし

「フラット35」や財形住宅融資などを利用して不動産を購入しようとする者が、貸付承認後、融資が実行されるまでの期間、民間金融機関から一時的に受ける融資をいう。

定期借地権 ◆ていきしゃくちけん

契約更新の適用がなく、あらかじめ定められた契約期間の満了で、借地を地主に返還する必要がある借地権のことをいう。定期借地権には、存続期間を50年以上と定める一般定期借地権の他、建物譲渡特約付借地権、事業用借地権の三つがある。

提携ローン ◆ていけいろーん

住宅の販売会社と金融機関が提携した住宅ローン。マンションなどを販売する際に、物件ごとに融資限度額や融資条件が設定され、物件広告に融資条件が明記されている。物件があらかじめ審査されていて、手続きがスムーズで金利も優遇されている場合が多い。

等価交換 ◆とうかこうかん

事業主が地主の土地の上にマンションやオフィスビル

などを建設し、地主はその土地評価額に相当する建物・土地共有持分を取得するというもの。土地の一部と建物の一部を等価で交換するということからきている。

登記識別情報 ◆とうきしきべつじょうほう
権利の登記を終えた場合に、その登記名義人が真正な権利者であることを公的に証明するために、その登記名義人に対して通知される12桁の符号などのこと。従来の登記済証に代わるものであり、12桁の英数字からなる機密の符号になっている。

都市計画税 ◆としけいかくぜい
毎年1月1日現在、固定資産課税台帳に記載された土地および建物の所有者に対して課税される地方税。この都市計画税は、市町村の下水道事業や街路事業などの都市計画の経費にあてることを目的として、課税される税金である。

徒歩所要時間 ◆とほしょようじかん
不動産広告における距離の表示方法の一つで、一定の規則にもとづいて算出した主要施設から広告物件までの徒歩による所要時間をいう。徒歩による所要時間は、道路距離80メートルにつき1分を要するものとし、1分未満は切り上げて算出するとされている。

取引態様 ◆とりひきたいよう

不動産広告における宅地建物取引業者の立場のこと。「不動産の表示に関する公正競争規約（表示規約）」によれば、不動産広告を行う際には、不動産会社の取引態様が「売主」「貸主」「媒介」「代理」のどれに該当するかを明確に表示しなければならない。

な 行

延べ床面積 ◆のべゆかめんせき

建築物の各階の床面積を合計した面積のことをいう。この延べ床面積の敷地面積に対する割合のことを容積率とよぶ。なお、容積率を算出する際には、各階の床面積のうち、自動車車庫、マンションのエントランスや共用廊下などの面積を除外することが可能である。

法地 ◆のりち

宅地として使用できない斜面部分のことをいう。自然にできたもの、切り土や盛り土の際に人工的につくられたものの両方を含む。また、敷地補強等のための擁壁設置に伴う斜面も法地である。「法面」と呼ぶこともある。

ノンリコースローン ◆のんりこーすろーん

借入人が保有する特定の資産（責任財産）から生じるキャッシュフローのみを原資に債務履行がなされる融資をいう。「ノンリコース」とは、その資産以外に債権の取立てが及ばない（非遡及である）という意味。

不動産の証券化などにおいて利用されることが多い。

は行

媒介 ◆ばいかい

「仲介」と同じ意味。代理や取次と違って、法律行為ではないとされる。不動産取引における宅地建物取引業者の立場の一つでもあり、不動産の売買・交換・賃貸借について、売主と買主（または貸主と借主）との間に立って取引成立に向けてなす活動がこれに該当。

バリアフリー ◆ばりあふりー

高齢者や身体障害者など、体の不自由な人々の行動を妨げる物的・心理的障害を取り除くという意味。バリアフリーデザインはその障害となる物を除去し、生活しやすいよう設計されたもの。段差をできる限りつくらずにスロープ等を用いることも一つの手法である。

日影規制 ◆ひかげ（にちえい）きせい

日影の量を一定以下にするよう建築物の高さを制限すること。具体的な規制基準（規制対象となる建築物、日影を生じてはならない時間数、測定すべき地盤からの高さ）は条例で定めるとされているが、用途地域の種類や建物の階層等によって異なる。

表示登記 ◆ひょうじとうき

土地・建物に関する物理的状況を表示した登記。一筆の土地または一個の建物ごとに作成され、登記記録のうち表題部に記載される。記載事項は、土地の登記記録については「所在の市区郡町村および字」「地番」「地目」「地積」「表題部所有者」等とされている。

不動産所得税 ◆ふどうさんしょとくぜい

不動産を取得した際に、課税される地方税のこと。この場合の取得には、購入だけでなく、新築や増改築、交換や贈与などによって所有権を得た場合も含まれる。その税額は、原則として固定資産税評価額の4%とされている。

不動産登記簿 ◆ふどうさんとうきぼ

不動産の物的状況や権利関係などが記載され、登記所（法務局）に備え付けられた公の帳簿を「不動産登記簿」という。不動産登記簿には、土地登記簿と建物登記簿の2種類がある。

フラット35 ◆ふらっとさんじゅうご

住宅ローンのひとつで、民間金融機関と（独）住宅金融支援機構が連携して提供する長期固定金利のもの。民間金融機関が住宅資金を融資したうえでその債権を住宅金融支援機構に譲渡し、機構はその債権を証券化して資金を調達するというしくみで運営される。

返済能力 ◆へんさいのうりょく

住宅ローン等において、融資を返済していくための借り主の債務能力をいう。住宅ローンでは、年収や年齢などを融資の条件・基準として、融資額・期間・返済方法を決定している。

変動金利 ◆へんどうきんり

金融情勢によって変わる金利のこと。金利の見直しは、年2回行われる。ただし、返済額は5年間は変わらないものとし、5年後の新たな返済額はそれまでの1.25倍までが一般的。低金利のときや金利が下降しているときは、金利が低いというメリットがある。

防火構造 ◆ぼうかこうぞう

火災の延焼を防止できる防火性能を有する構造のこと。燃えやすい材料の表面を防火被覆することにより火災の延焼を防ぐことを目的としている。この防火構造は、外壁及び軒裏の構造に適用される。

法定代理人 ◆ほうていだいりにん

法律の規定によって定められた代理人という意味。民法にもとづく法定代理人には、親権者、未成年後見人、成年後見人の3種類がある。法定代理人には、未成年者・成年被後見人の財産を管理し、法律行為を代理するという

大きな権限が与えられている。

法定地上権 ◆ほうていちじょうけん
土地とその上の建物を同じ所有者が所有している場合に、競売等により土地と建物が別々の所有者に帰属することとなった際に、民法などの規定により建物のために地上権が自動的に発生することとされる地上権のこと。

ま行

間口・奥行き ◆まぐち・おくゆき
「間口」は、主要な方向（前面道路など）から見た建物や敷地の幅のことをいう。「奥行き」は、前面道路の境界から反対の面までの距離をいい、浅い・深いと表現する。

間取り・畳 ◆まどり・じょう
「間取り」は部屋の配置。居間、寝室、台所、浴室などの位置関係やそれぞれの部屋のかたち・広さが方位や縮尺とともに示される。「畳」は床面積を示す場合の単位で、不動産の表示に関する公正競争規約施行規則によれば、1畳は1.62平方メートル以上。

メゾネット ◆めぞねっと
マンションにおいて、上下2階にわたる住戸のことをいう。上下に広い空間を確保し、一戸建てのような内部空間をつくることができる。

モデルルーム ◆もでるるーむ

マンション販売の場合などにおいて展示・PRのために建設された部屋をいう。建築工法、住宅性能、室内環境等を具体的に示すことができるが、現実に販売される住宅等とまったく同一ではない。

モルタル ◆もるたる

砂とセメントと水を混ぜて練り合わせたものをいう。施工が容易でコストが安く、防火性能があることが特徴である。

や行

ユニット工法 ◆ゆにっとこうほう

建物を部屋ごとなどのユニットに分割し、工場である程度まで生産してから現場で組み立てるプレハブ工法の一種。工場生産であるため、計算された住宅性能を維持する精度をもち、現場施工の工期が短いというメリットがあり、鉄骨のほか、木質ユニットがある。

ユニバーサルデザイン
◆ゆにばーさるでざいん

老若男女、障害者・健常者の区別なく、万人が公平に享受できる快適な建物・環境・製品を生み出すことを目的とした考え方をいう。障害者のみを対象にしたバリアフリーよ

りも一歩進んだ考え方で、不動産・住宅分野でも取り上げられることが多くなっている。

容積率 ◆ようせきりつ

[建築物の延べ床面積]÷[敷地面積]で表される割合をいう。建築基準法では、環境保持の面から用途地域並びに前面道路の幅員に応じて容積率を制限している。

用途地域 ◆ようとちいき

建築できる建物の用途等を定めた地域。都市計画法に基づく制度である。用途地域は、地域における住居の環境の保護または業務の利便の増進を図るために、市街地の類型に応じて建築を規制するべく指定する地域で、13の種類がある。

ら行

リノベーション ◆りのべーしょん

新築を除く住宅の増築、改装・改修、模様替え、設備の取替えや新設などの改造工事を総称してリノベーションという。リフォーム、リモデルなどともいうことがある。既存建物の耐震補強工事もリノベーションの一種である。

リバースモーゲン ◆りばーすもーげん

持家を担保に生活資金を融資し、所有者の死亡もしくは契約終了時に一括返済する仕組み。時間の経過とともに融資残高が増加していき、最終的に一括して返済

されることが特徴である。一括返済のための資金は、一般的に、持家を処分して確保されることとなる。

利回り ◆りまわり

不動産投資における利回りはグロス利回り（表面利回り）、ネット利回り（実質利回り）などで表される。グロス利回りは、家賃収入を単純に投資金額で割ったもの。管理費や固定資産税等の費用を差し引いた後の額を投資金額で割ったものがネット利回りになる。

礼金 ◆れいきん

マンション・アパート等を借りる契約を締結する時に、契約の謝礼として家主に支払うもの。礼金は、契約終了時に返還されない。慣習として行われているものであり、地域により異なる。関東では、家賃の2カ月、関西では礼金がなく敷引という制度になる。

レインズ ◆れいんず

不動産流通標準情報システム（Real Estate Information Network System）の略。国土交通大臣から指定を受けた不動産流通指定機構が運営しており、全国に、東日本・中部・近畿・西日本の4機構が存在している。

連帯保証人 ◆れんたいほしょうにん

保証人が主たる債務者と連帯して債務を負担すること
をいう。連帯保証も保証の一種であるから、主たる債
務に服従し、主たる債務者に生じた事由は、原則とし
て連帯保証人にも効力を生じる。

ローン特約 ◆ろーんとくやく

金融機関やローン会社からの融資を前提として不動産
を購入する場合に、予定していたローンが不成立に
なった場合は、売買契約を白紙に戻すことができると
いった特約を売買契約書の条項に盛り込むことをいう。

わ行

ワイドスパン ◆わいどすぱん

間口、すなわちバルコニー側の柱と柱（もしくは壁）
の間が広いタイプをいう。厳密な広さの定義はない
が、一般的な間口が6メートル程度のため、それより
も広い7〜8メートル以上のものを指すことが多い。

おわりに

　私はこの本で言いたかったことが二つあります。

　一つは、あなたの老後は心配ないということです。家賃と年金を合わせれば、贅沢はできないけど、余裕のある生活が保障されます。くり返しになりますが、まったくあせる必要はありません。

　この本が売れたら、中古マンションブームとなって、一時的に中古マンションが品薄になったり、値段が高くなったりするかもしれません。それでも、あせらずじっくり何年も待って頭金を貯めてください。必ず物件は出てきます。あなたが手を組む地元の取引先には、あなたを騙してトクする人は一人もいないので、安心して仕事ができます。

　もう一つは、あなたはこれから少しずつ出世をして、豊かな人生を送れるようになる、ということです。この本を何度もなんどもくり返し読んでください。あなたは経済や会社がどう回っているかということを、実感できるようになります。経営者とはこういうものだということが、より理解できるようになるでしょう。あなたが仕事を進めていく上で、必ず役に立つことです。

ぜひ、ご感想やご質問などを送ってください。あなたがどういう人かを想像したいので、手書きにて、誠文堂新光社に「『女子の不動産トリセツ』著者宛」として郵送で送ってください。できればあなたのプロフィールや悩みごとなども教えてください。もちろん匿名でも結構です。

　将来、私の本に載せるかもしれませんが、個人情報は守ります。

　私は不思議な性格で、人が何かをやっても絶対に怒ったりしません。悲しくなることはあります。犯罪や事件に触れると、被害者に対しても、加害者に対しても悲しい気持ちになります。スマホは持っておらず、SNSもしません。それよりも本のほうが情報も多く、おもしろいからです。

　皆さんも、スマホを触る時間を少しでも読書に変えれば、必ず得るものがあるはずです。

　それでは皆さんのご活躍をお祈りして終わりにしたいと思います。

サラリーマン大家-X

Profile

サラリーマン大家-X (さらりーまんおおやえっくす)

1957年、神奈川県生まれ。大手電機メーカーのエンジニアとして働くかたわら、2001年から副業として不動産を所有し、大家業をはじめる。地域密着型の不動産経営を行い、サラリーマン収入とは別に安定した収入を得て、現在に至る。

私（わたし）も、失敗（しっぱい）しないので
女子（じょし）の不動産（ふどうさん）トリセツ

2020年3月25日　発　行	NDC 673

著　者	**サラリーマン大家-X**（おおや）
発行者	小川　雄一
発行所	**株式会社 誠文堂新光社**
	〒113-0033 東京都文京区本郷3-3-11
	［編集］電話03-5800-5779
	［販売］電話03-5800-5780
	https://www.seibundo-shinkosha.net/
印刷・製本	**株式会社 大熊整美堂**

© 2020, Salaryman Ooya-X.　Printed in Japan
検印省略

ISBN978-4-416-91994-1